2018-2019

weekly planner

BELONGS TO:

____

PRETTY SIMPLE PLANNERS

Want free goodies?!

Email us at

● prettysimplebooks@gmail.com ●

Let us know you purchased a Pretty Simple Planner and we'll send you something fun!

Find us on Instagram!

@prettysimplebooks

Pretty Simple Planner Weekly Planner

Year in Review

AUGUST

Su	Mo	Tu	We	Th	Fr	Sa
			1	2	3	4
5	6	7	8	9	10	11
12	13	14	15	16	17	18
19	20	21	22	23	24	25
26	27	28	29	30	31	

SEPTEMBER

Su	Mo	Tu	We	Th	Fr	Sa
						1
2	3	4	5	6	7	8
9	10	11	12	13	14	15
16	17	18	19	20	21	22
23	24	25	26	27	28	29
30						

OCTOBER

Su	Mo	Tu	We	Th	Fr	Sa
	1	2	3	4	5	6
7	8	9	10	11	12	13
14	15	16	17	18	19	20
21	22	23	24	25	26	27
28	29	30	31			

NOVEMBER

Su	Mo	Tu	We	Th	Fr	Sa
				1	2	3
4	5	6	7	8	9	10
11	12	13	14	15	16	17
18	19	20	21	22	23	24
25	26	27	28	29	30	

DECEMBER

Su	Mo	Tu	We	Th	Fr	Sa
						1
2	3	4	5	6	7	8
9	10	11	12	13	14	15
16	17	18	19	20	21	22
23	24	25	26	27	28	29
30	31					

JANUARY

Su	Mo	Tu	We	Th	Fr	Sa
		1	2	3	4	5
6	7	8	9	10	11	12
13	14	15	16	17	18	19
20	21	22	23	24	25	26
27	28	29	30	31		

FEBRUARY

Su	Mo	Tu	We	Th	Fr	Sa
					1	2
3	4	5	6	7	8	9
10	11	12	13	14	15	16
17	18	19	20	21	22	23
24	25	26	27	28		

MARCH

Su	Mo	Tu	We	Th	Fr	Sa
					1	2
3	4	5	6	7	8	9
10	11	12	13	14	15	16
17	18	19	20	21	22	23
24	25	26	27	28	29	30
31						

APRIL

Su	Mo	Tu	We	Th	Fr	Sa
	1	2	3	4	5	6
7	8	9	10	11	12	13
14	15	16	17	18	19	20
21	22	23	24	25	26	27
28	29	30				

MAY

Su	Mo	Tu	We	Th	Fr	Sa
			1	2	3	4
5	6	7	8	9	10	11
12	13	14	15	16	17	18
19	20	21	22	23	24	25
26	27	28	29	30	31	

JUNE

Su	Mo	Tu	We	Th	Fr	Sa
						1
2	3	4	5	6	7	8
9	10	11	12	13	14	15
16	17	18	19	20	21	22
23	24	25	26	27	28	29
30						

JULY

Su	Mo	Tu	We	Th	Fr	Sa
	1	2	3	4	5	6
7	8	9	10	11	12	13
14	15	16	17	18	19	20
21	22	23	24	25	26	27
28	29	30	31			

August 2018

SUNDAY	MONDAY	TUESDAY	WEDNESDAY
			1
5	6 Root Beer Float Day	7	8
12	13	14	15
19	20	21	22
26	27	28	29

[The secret of getting ahead is getting started.
- Mark Twain]

THURSDAY	FRIDAY	SATURDAY
2	3	4
9	10	11
16 Tell A Joke Day	17	18
23	24	25
30	31	

NOTES

MON • JULY 30, 2018

TUE • JULY 31, 2018

WED • AUGUST 1, 2018

THU • AUGUST 2, 2018

FRI • AUGUST 3, 2018

SAT • AUGUST 4, 2018

SUN • AUGUST 5, 2018

MON • AUGUST 6, 2018

TUE • AUGUST 7, 2018

WED • AUGUST 8, 2018

■ THU · AUGUST 9, 2018 ————————————

_____   ○ _____
_____   ○ _____
_____   ○ _____
_____   ○ _____
_____   ○ _____
_____   ○ _____
_____   ○ _____
_____   ○ _____
_____   ○ _____
_____   ○ _____
_____   ○ _____

■ FRI · AUGUST 10, 2018 ————————————

_____   ○ _____
_____   ○ _____
_____   ○ _____
_____   ○ _____
_____   ○ _____
_____   ○ _____
_____   ○ _____
_____   ○ _____
_____   ○ _____
_____   ○ _____
_____   ○ _____

■ SAT · AUGUST 11, 2018   ■ SUN · AUGUST 12, 2018

_____   _____
_____   _____
_____   _____
_____   _____
_____   _____
_____   _____
_____   _____
_____   _____
_____   _____
_____   _____
_____   _____

MON • `AUGUST 13, 2018

TUE • AUGUST 14, 2018

WED • AUGUST 15, 2018

THU • AUGUST 16, 2018

FRI • AUGUST 17, 2018

SAT • AUGUST 18, 2018

SUN • AUGUST 19, 2018

MON • AUGUST 20, 2018

TUE • AUGUST 21, 2018

WED • AUGUST 22, 2018

THU • AUGUST 23, 2018

FRI • AUGUST 24, 2018

SAT • AUGUST 25, 2018

SUN • AUGUST 26, 2018

MON • AUGUST 27, 2018

TUE • AUGUST 28, 2018

WED • AUGUST 29, 2018

THU • AUGUST 30, 2018

FRI • AUGUST 31, 2018

SAT • SEPTEMBER 1, 2018

SUN • SEPTEMBER 2, 2018

September 2018

SUNDAY	MONDAY	TUESDAY	WEDNESDAY
2	3 LABOR DAY	4	5
9	10 ROSH HASHANAH	11	12
16	17	18	19 YOM KIPPUR
23 / 30	24	25	26

> With the new day comes new strength and new thoughts.
> - Eleanor Roosevelt

THURSDAY	FRIDAY	SATURDAY
		1
6 Read a Book Day	7	8
13	14	15
20	21	22
27	28 Good Neighbor Day	29

NOTES

MON • SEPTEMBER 3, 2018

LABOR DAY

- ○
- ○
- ○
- ○
- ○
- ○
- ○
- ○
- ○
- ○
- ○

TUE • SEPTEMBER 4, 2018

- ○
- ○
- ○
- ○
- ○
- ○
- ○
- ○
- ○
- ○
- ○

WED • SEPTEMBER 5, 2018

- ○
- ○
- ○
- ○
- ○
- ○
- ○
- ○
- ○
- ○
- ○

THU • SEPTEMBER 6, 2018

FRI • SEPTEMBER 7, 2018

SAT • SEPTEMBER 8, 2018

SUN • SEPTEMBER 9, 2018

MON • SEPTEMBER 10, 2018

- ○
- ○
- ○
- ○
- ○
- ○
- ○
- ○
- ○
- ○
- ○

ROSH HASHANAH

TUE • SEPTEMBER 11, 2018

- ○
- ○
- ○
- ○
- ○
- ○
- ○
- ○
- ○
- ○
- ○

WED • SEPTEMBER 12, 2018

- ○
- ○
- ○
- ○
- ○
- ○
- ○
- ○
- ○
- ○
- ○

THU • SEPTEMBER 13, 2018

FRI • SEPTEMBER 14, 2018

SAT • SEPTEMBER 15, 2018

SUN • SEPTEMBER 16, 2018

■ MON • SEPTEMBER 17, 2018 ———————————

—————————————————————   ○ ————————————————
—————————————————————   ○ ————————————————
—————————————————————   ○ ————————————————
—————————————————————   ○ ————————————————
—————————————————————   ○ ————————————————
—————————————————————   ○ ————————————————
—————————————————————   ○ ————————————————
—————————————————————   ○ ————————————————
—————————————————————   ○ ————————————————
—————————————————————   ○ ————————————————
—————————————————————   ○ ————————————————

■ TUE • SEPTEMBER 18, 2018 ———————————

—————————————————————   ○ ————————————————
—————————————————————   ○ ————————————————
—————————————————————   ○ ————————————————
—————————————————————   ○ ————————————————
—————————————————————   ○ ————————————————
—————————————————————   ○ ————————————————
—————————————————————   ○ ————————————————
—————————————————————   ○ ————————————————
—————————————————————   ○ ————————————————
—————————————————————   ○ ————————————————
—————————————————————   ○ ————————————————

■ WED • SEPTEMBER 19, 2018 ———————————

—————————————————————   ○ ————————————————
—————————————————————   ○ ————————————————
—————————————————————   ○ ————————————————
—————————————————————   ○ ————————————————
—————————————————————   ○ ————————————————
—————————————————————   ○ ————————————————
—————————————————————   ○ ————————————————
—————————————————————   ○ ————————————————
—————————————————————   ○ ————————————————
—————————————————————   ○ ————————————————

YOM KIPPUR ——————————   ○ ————————————————

THU • SEPTEMBER 20, 2018

FRI • SEPTEMBER 21, 2018

SAT • SEPTEMBER 22, 2018

SUN • SEPTEMBER 23, 2018

MON • SEPTEMBER 24, 2018

TUE • SEPTEMBER 25, 2018

WED • SEPTEMBER 26, 2018

THU • SEPTEMBER 27, 2018

FRI • SEPTEMBER 28, 2018

SAT • SEPTEMBER 29, 2018

SUN • SEPTEMBER 30, 2018

October 2018

SUNDAY	MONDAY	TUESDAY	WEDNESDAY
	1	2	3
7	8 COLUMBUS DAY	9	10
14	15	16	17
21	22	23	24
28	29	30	31 HALLOWEEN

Simplicity is the keynote of all true elegance.
- Coco Chanel

THURSDAY	FRIDAY	SATURDAY
4 National Taco Day	5 World Smile Day	6
11	12	13
18	19	20
25	26	27

NOTES

MON • OCTOBER 1, 2018

TUE • OCTOBER 2, 2018

WED • OCTOBER 3, 2018

THU • OCTOBER 4, 2018

FRI • OCTOBER 5, 2018

SAT • OCTOBER 6, 2018

SUN • OCTOBER 7, 2018

MON • OCTOBER 8, 2018

○
○
○
○
○
○
○
○
○
○
○

COLUMBUS DAY

TUE • OCTOBER 9, 2018

○
○
○
○
○
○
○
○
○
○
○

WED • OCTOBER 10, 2018

○
○
○
○
○
○
○
○
○
○
○

THU • OCTOBER 11, 2018

FRI • OCTOBER 12, 2018

SAT • OCTOBER 13, 2018

SUN • OCTOBER 14, 2018

MON • OCTOBER 15, 2018

TUE • OCTOBER 16, 2018

WED • OCTOBER 17, 2018

THU • OCTOBER 18, 2018

FRI • OCTOBER 19, 2018

SAT • OCTOBER 20, 2018

SUN • OCTOBER 21, 2018

MON • OCTOBER 22, 2018

TUE • OCTOBER 23, 2018

WED • OCTOBER 24, 2018

THU • OCTOBER 25, 2018

FRI • OCTOBER 26, 2018

SAT • OCTOBER 27, 2018

SUN • OCTOBER 28, 2018

■ MON · OCTOBER 29, 2018 _____

_____   ○ _____
_____   ○ _____
_____   ○ _____
_____   ○ _____
_____   ○ _____
_____   ○ _____
_____   ○ _____
_____   ○ _____
_____   ○ _____
_____   ○ _____
_____   ○ _____

■ TUE · OCTOBER 30, 2018 _____

_____   ○ _____
_____   ○ _____
_____   ○ _____
_____   ○ _____
_____   ○ _____
_____   ○ _____
_____   ○ _____
_____   ○ _____
_____   ○ _____
_____   ○ _____
_____   ○ _____
_____   ○ _____

■ WED · OCTOBER 31, 2018 _____

_____   ○ _____
_____   ○ _____
_____   ○ _____
_____   ○ _____
_____   ○ _____
_____   ○ _____
_____   ○ _____
_____   ○ _____
_____   ○ _____
_____   ○ _____
HALLOWEEN   ○ _____

■ THU · NOVEMBER 1, 2018 _____

_____   ○ _____
_____   ○ _____
_____   ○ _____
_____   ○ _____
_____   ○ _____
_____   ○ _____
_____   ○ _____
_____   ○ _____
_____   ○ _____
_____   ○ _____
_____   ○ _____

■ FRI · NOVEMBER 2, 2018 _____

_____   ○ _____
_____   ○ _____
_____   ○ _____
_____   ○ _____
_____   ○ _____
_____   ○ _____
_____   ○ _____
_____   ○ _____
_____   ○ _____
_____   ○ _____
_____   ○ _____

■ SAT · NOVEMBER 3, 2018   ■ SUN · NOVEMBER 4, 2018

_____   _____
_____   _____
_____   _____
_____   _____
_____   _____
_____   _____
_____   _____
_____   _____
_____   _____
_____   DAYLIGHT SAVINGS ENDS

November 2018

SUNDAY	MONDAY	TUESDAY	WEDNESDAY
4 DAYLIGHT SAVINGS ENDS	5	6	7
11 VETERANS DAY	12	13 World Kindness Day	14
18	19	20	21
25	26	27	28 French Toast Day

The purpose of our lives is to be happy.
- Dalai Lama

THURSDAY	FRIDAY	SATURDAY
1	2	3
8	9	10 Vanilla Cupcake Day
15	16	17
22 THANKSGIVING	23	24
29	30	

NOTES

MON • NOVEMBER 5, 2018

TUE • NOVEMBER 6, 2018

WED • NOVEMBER 7, 2018

THU • NOVEMBER 8, 2018

FRI • NOVEMBER 9, 2018

SAT • NOVEMBER 10, 2018

SUN • NOVEMBER 11, 2018

VETERANS DAY

MON • NOVEMBER 12, 2018

TUE • NOVEMBER 13, 2018

WED • NOVEMBER 14, 2018

THU • NOVEMBER 15, 2018

FRI • NOVEMBER 16, 2018

SAT • NOVEMBER 17, 2018

SUN • NOVEMBER 18, 2018

MON • NOVEMBER 19, 2018

TUE • NOVEMBER 20, 2018

WED • NOVEMBER 21, 2018

THU • NOVEMBER 22, 2018

THANKSGIVING

FRI • NOVEMBER 23, 2018

SAT • NOVEMBER 24, 2018

SUN • NOVEMBER 25, 2018

MON • NOVEMBER 26, 2018

TUE • NOVEMBER 27, 2018

WED • NOVEMBER 28, 2018

THU • NOVEMBER 29, 2018

FRI • NOVEMBER 30,2018

SAT • DECEMBER 1, 2018

SUN • DECEMBER 2, 2018

December 2018

SUNDAY	MONDAY	TUESDAY	WEDNESDAY
2	3 HANUKKAH	4	5
9	10	11	12
16	17	18	19
23 / 30	CHRISTMAS EVE 24 / 31 NEW YEAR'S EVE	25 CHRISTMAS DAY	26 KWANZAA

[What is done in love is done well.

- Vincent Van Gogh]

THURSDAY	FRIDAY	SATURDAY
		1
6	7	8
13	14	15
20	21	22
27	28	29

NOTES

MON • DECEMBER 3, 2018

HANUKKAH

TUE • DECEMBER 4, 2018

WED • DECEMBER 5, 2018

THU • DECEMBER 6, 2018

FRI • DECEMBER 7, 2018

SAT • DECEMBER 8, 2018

SUN • DECEMBER 9, 2018

MON • DECEMBER 10, 2018

TUE • DECEMBER 11, 2018

WED • DECEMBER 12, 2018

THU • DECEMBER 13, 2018

FRI • DECEMBER 14, 2018

SAT • DECEMBER 15, 2018

SUN • DECEMBER 16, 2018

MON • DECEMBER 17, 2018

TUE • DECEMBER 18, 2018

WED • DECEMBER 19, 2018

THU • DECEMBER 20, 2018

FRI • DECEMBER 21, 2018

SAT • DECEMBER 22, 2018

SUN • DECEMBER 23, 2018

MON • DECEMBER 24, 2018

CHRISTMAS EVE

- ○
- ○
- ○
- ○
- ○
- ○
- ○
- ○
- ○
- ○
- ○

TUE • DECEMBER 25, 2018

CHRISTMAS DAY

- ○
- ○
- ○
- ○
- ○
- ○
- ○
- ○
- ○
- ○
- ○

WED • DECEMBER 26, 2018

KWANZAA

- ○
- ○
- ○
- ○
- ○
- ○
- ○
- ○
- ○
- ○
- ○

THU • DECEMBER 27, 2018

FRI • DECEMBER 28, 2018

SAT • DECEMBER 29, 2018

SUN • DECEMBER 30, 2018

January 2019

SUNDAY	MONDAY	TUESDAY	WEDNESDAY
		1 NEW YEAR'S DAY	2
6	7	8	9
13	14	15	16
20	21 MARTIN LUTHER KING JR. DAY	22	23 National Pie Day
27	28	29	30

> Nothing is impossible, the word itself says 'I'm possible'!
> - Audrey Hepburn

THURSDAY	FRIDAY	SATURDAY
3	4	5
10	11	12
17	18	19 National Popcorn Day
24	25	26
31		

NOTES

◥ MON · DECEMBER 31, 2018 _____

_____   ○ _____
_____   ○ _____
_____   ○ _____
_____   ○ _____
_____   ○ _____
_____   ○ _____
_____   ○ _____
_____   ○ _____
_____   ○ _____
_____   ○ _____
NEW YEAR'S EVE   ○ _____

◥ TUE · JANUARY 1, 2019 _____

_____   ○ _____
_____   ○ _____
_____   ○ _____
_____   ○ _____
_____   ○ _____
_____   ○ _____
_____   ○ _____
_____   ○ _____
_____   ○ _____
_____   ○ _____
NEW YEAR'S DAY   ○ _____

◥ WED · JANUARY 2, 2019 _____

_____   ○ _____
_____   ○ _____
_____   ○ _____
_____   ○ _____
_____   ○ _____
_____   ○ _____
_____   ○ _____
_____   ○ _____
_____   ○ _____
_____   ○ _____
_____   ○ _____

■ THU · JANUARY 3, 2019 —————————————

———————————————————   ○ —————————————
———————————————————   ○ —————————————
———————————————————   ○ —————————————
———————————————————   ○ —————————————
———————————————————   ○ —————————————
———————————————————   ○ —————————————
———————————————————   ○ —————————————
———————————————————   ○ —————————————
———————————————————   ○ —————————————
———————————————————   ○ —————————————
———————————————————   ○ —————————————

■ FRI · JANUARY 4, 2019 —————————————

———————————————————   ○ —————————————
———————————————————   ○ —————————————
———————————————————   ○ —————————————
———————————————————   ○ —————————————
———————————————————   ○ —————————————
———————————————————   ○ —————————————
———————————————————   ○ —————————————
———————————————————   ○ —————————————
———————————————————   ○ —————————————
———————————————————   ○ —————————————
———————————————————   ○ —————————————

■ SAT · JANUARY 5, 2019   ■ SUN · JANUARY 6, 2019

MON • JANUARY 7, 2019

TUE • JANUARY 8, 2019

WED • JANUARY 9, 2019

THU • JANUARY 10, 2019

FRI • JANUARY 11, 2019

SAT • JANUARY 12, 2019

SUN • JANUARY 13, 2019

MON • JANUARY 14, 2019

TUE • JANUARY 15, 2019

WED • JANUARY 16, 2019

THU • JANUARY 17, 2019

FRI • JANUARY 18, 2019

SAT • JANUARY 19, 2019

SUN • JANUARY 20, 2019

▰ MON · JANUARY 21, 2019 ——————————

_____   ○ _____
_____   ○ _____
_____   ○ _____
_____   ○ _____
_____   ○ _____
_____   ○ _____
_____   ○ _____
_____   ○ _____
_____   ○ _____
_____   ○ _____
MARTIN LUTHER KING JR. DAY   ○ _____

▰ TUE · JANUARY 22, 2019 ——————————

_____   ○ _____
_____   ○ _____
_____   ○ _____
_____   ○ _____
_____   ○ _____
_____   ○ _____
_____   ○ _____
_____   ○ _____
_____   ○ _____
_____   ○ _____
_____   ○ _____

▰ WED · JANUARY 23, 2019 ——————————

_____   ○ _____
_____   ○ _____
_____   ○ _____
_____   ○ _____
_____   ○ _____
_____   ○ _____
_____   ○ _____
_____   ○ _____
_____   ○ _____
_____   ○ _____
_____   ○ _____

THU • JANUARY 24, 2019

FRI • JANUARY 25, 2019

SAT • JANUARY 26, 2019

SUN • JANUARY 27, 2019

MON • JANUARY 28, 2019

TUE • JANUARY 29, 2019

WED • JANUARY 30, 2019

THU • JANUARY 31, 2019

FRI • FEBRUARY 1, 2019

SAT • FEBRUARY 2, 2019

SUN • FEBRUARY 3, 2019

February 2019

SUNDAY	MONDAY	TUESDAY	WEDNESDAY
3	4	5	6
10	11 Make a Friend Day	12	13
17	18 PRESIDENTS' DAY	19	20
24	25	26	27

> I have found if you love life, life will love you back.
>
> - Arthur Rubinstein

THURSDAY	FRIDAY	SATURDAY
	1	2
7	8	9
14 VALENTINE'S DAY	15	16
21	22	23
28		

NOTES

MON • FEBRUARY 4, 2019

TUE • FEBRUARY 5, 2019

WED • FEBRUARY 6, 2019

THU • FEBRUARY 7, 2019

FRI • FEBRUARY 8, 2019

SAT • FEBRUARY 9, 2019

SUN • FEBRUARY 10, 2019

MON • FEBRUARY 11, 2019

TUE • FEBRUARY 12, 2019

WED • FEBRUARY 13, 2019

THU · FEBRUARY 14, 2019

_____ ○ _____
_____ ○ _____
_____ ○ _____
_____ ○ _____
_____ ○ _____
_____ ○ _____
_____ ○ _____
_____ ○ _____
_____ ○ _____
_____ ○ _____

VALENTINE'S DAY   ○ _____

FRI · FEBRUARY 15, 2019

_____ ○ _____
_____ ○ _____
_____ ○ _____
_____ ○ _____
_____ ○ _____
_____ ○ _____
_____ ○ _____
_____ ○ _____
_____ ○ _____
_____ ○ _____
_____ ○ _____

SAT · FEBRUARY 16, 2019

SUN · FEBRUARY 17, 2019

▰ MON · FEBRUARY 18, 2019 ─────────────

_____   ○ _____
_____   ○ _____
_____   ○ _____
_____   ○ _____
_____   ○ _____
_____   ○ _____
_____   ○ _____
_____   ○ _____
_____   ○ _____
_____   ○ _____
PRESIDENTS' DAY   ○ _____

▰ TUE · FEBRUARY 19, 2019 ─────────────

_____   ○ _____
_____   ○ _____
_____   ○ _____
_____   ○ _____
_____   ○ _____
_____   ○ _____
_____   ○ _____
_____   ○ _____
_____   ○ _____
_____   ○ _____
_____   ○ _____

▰ WED · FEBRUARY 20, 2019 ─────────────

_____   ○ _____
_____   ○ _____
_____   ○ _____
_____   ○ _____
_____   ○ _____
_____   ○ _____
_____   ○ _____
_____   ○ _____
_____   ○ _____
_____   ○ _____
_____   ○ _____

THU • FEBRUARY 21, 2019

FRI • FEBRUARY 22, 2019

SAT • FEBRUARY 23, 2019

SUN • FEBRUARY 24, 2019

MON • FEBRUARY 25, 2019

TUE • FEBRUARY 26, 2019

WED • FEBRUARY 27, 2019

THU • FEBRUARY 28, 2019

FRI • MARCH 1, 2019

SAT • MARCH 2, 2019

SUN • MARCH 3, 2019

March 2019

SUNDAY	MONDAY	TUESDAY	WEDNESDAY
3	4	5	6
10 DAYLIGHT SAVINGS BEGINS	11	12	13
17 ST. PATRICK'S DAY	18	19	20
24 / 31	25	26	27

Anything can happen if you let it.

- Mary Poppins

THURSDAY	FRIDAY	SATURDAY
	1	2
7	8	9
14 National Pi Day	15	16
21	22	23
28	29	30

NOTES

MON • MARCH 4, 2019

TUE • MARCH 5, 2019

WED • MARCH 6, 2019

■ THU · MARCH 7, 2019 ——————————————

_____   ○ _____
_____   ○ _____
_____   ○ _____
_____   ○ _____
_____   ○ _____
_____   ○ _____
_____   ○ _____
_____   ○ _____
_____   ○ _____
_____   ○ _____
_____   ○ _____

■ FRI · MARCH 8, 2019 ——————————————

_____   ○ _____
_____   ○ _____
_____   ○ _____
_____   ○ _____
_____   ○ _____
_____   ○ _____
_____   ○ _____
_____   ○ _____
_____   ○ _____
_____   ○ _____
_____   ○ _____

■ SAT · MARCH 9, 2019   ■ SUN · MARCH 10, 2019

_____   _____
_____   _____
_____   _____
_____   _____
_____   _____
_____   _____
_____   _____
_____   _____
_____   _____
_____   DAYLIGHT SAVINGS BEGINS
_____   _____

MON • MARCH 11, 2019

TUE • MARCH 12, 2019

WED • MARCH 13, 2019

THU • MARCH 14, 2019

FRI • MARCH 15, 2019

SAT • MARCH 16, 2019

SUN • MARCH 17, 2019

ST. PATRICK'S DAY

MON • MARCH 18, 2019

TUE • MARCH 19, 2019

WED • MARCH 20, 2019

THU • MARCH 21, 2019

FRI • MARCH 22, 2019

SAT • MARCH 23, 2019

SUN • MARCH 24, 2019

MON • MARCH 25, 2019

TUE • MARCH 26, 2019

WED • MARCH 27, 2019

THU • MARCH 28, 2019

FRI • MARCH 29, 2019

SAT • MARCH 30, 2019

SUN • MARCH 31, 2019

April 2019

SUNDAY	MONDAY	TUESDAY	WEDNESDAY
	1	2	3
7	8	9	10 National Siblings Day
14	15	16	17
21 EASTER	22 EARTH DAY	23	24
28	29	30	

> The world belongs to the enthusiastic.
> - Ralph Waldo Emerson

THURSDAY	FRIDAY	SATURDAY
4	5	6
11	12	13
18	19 GOOD FRIDAY	20
25	26	27

NOTES

MON • APRIL 1, 2019

TUE • APRIL 2, 2019

WED • APRIL 3, 2019

THU • APRIL 4, 2019

FRI • APRIL 5, 2019

SAT • APRIL 6, 2019

SUN • APRIL 7, 2019

MON • APRIL 8, 2019

TUE • APRIL 9, 2019

WED • APRIL 10, 2019

THU • APRIL 11, 2019

FRI • APRIL 12, 2019

SAT • APRIL 13, 2019

SUN • APRIL 14, 2019

MON • APRIL 15, 2019

TUE • APRIL 16, 2019

WED • APRIL 17, 2019

THU · APRIL 18, 2019

_____   ○ _____
_____   ○ _____
_____   ○ _____
_____   ○ _____
_____   ○ _____
_____   ○ _____
_____   ○ _____
_____   ○ _____
_____   ○ _____
_____   ○ _____
_____   ○ _____

FRI · APRIL 19, 2019

_____   ○ _____
_____   ○ _____
_____   ○ _____
_____   ○ _____
_____   ○ _____
_____   ○ _____
_____   ○ _____
_____   ○ _____
_____   ○ _____
_____   ○ _____
GOOD FRIDAY   ○ _____

SAT · APRIL 20, 2019

_____
_____
_____
_____
_____
_____
_____
_____
_____

SUN · APRIL 21, 2019

_____
_____
_____
_____
_____
_____
_____
_____
EASTER

◤ MON · APRIL 22, 2019

_____   ○ _____
_____   ○ _____
_____   ○ _____
_____   ○ _____
_____   ○ _____
_____   ○ _____
_____   ○ _____
_____   ○ _____
_____   ○ _____
_____   ○ _____
EARTH DAY   ○ _____

◤ TUE · APRIL 23, 2019

_____   ○ _____
_____   ○ _____
_____   ○ _____
_____   ○ _____
_____   ○ _____
_____   ○ _____
_____   ○ _____
_____   ○ _____
_____   ○ _____
_____   ○ _____
_____   ○ _____

◤ WED · APRIL 24, 2019

_____   ○ _____
_____   ○ _____
_____   ○ _____
_____   ○ _____
_____   ○ _____
_____   ○ _____
_____   ○ _____
_____   ○ _____
_____   ○ _____
_____   ○ _____
_____   ○ _____

THU • APRIL 25, 2019

FRI • APRIL 26, 2019

SAT • APRIL 27, 2019

SUN • APRIL 28, 2019

May 2019

SUNDAY	MONDAY	TUESDAY	WEDNESDAY
			1
5 Cinco de Mayo	6	7	8
12 MOTHER'S DAY	13	14	15
19	20	21	22
26	27 MEMORIAL DAY	28	29

Keep your eyes on the stars, and your feet on the ground.
- Theodore Roosevelt

THURSDAY	FRIDAY	SATURDAY
2	3	4
9	10	11
16	17	18
23	24	25
30 Water a Flower Day	31	

NOTES

MON • APRIL 29, 2019

TUE • APRIL 30, 2019

WED • MAY 1, 2019

THU • MAY 2, 2019

FRI • MAY 3, 2019

SAT • MAY 4, 2019

SUN • MAY 5, 2019

MON • MAY 6, 2019

TUE • MAY 7, 2019

WED • MAY 8, 2019

THU • MAY 9, 2019

FRI • MAY 10, 2019

SAT • MAY 11, 2019

SUN • MAY 12, 2019

MOTHER'S DAY

MON • MAY 13, 2019

TUE • MAY 14, 2019

WED • MAY 15, 2019

THU • MAY 16, 2019

FRI • MAY 17, 2019

SAT • MAY 18, 2019

SUN • MAY 19, 2019

MON • MAY 20, 2019

TUE • MAY 21, 2019

WED • MAY 22, 2019

THU • MAY 23, 2019

FRI • MAY 24, 2019

SAT • MAY 25, 2019

SUN • MAY 26, 2019

■ MON · MAY 27, 2019

_____ ○ _____
_____ ○ _____
_____ ○ _____
_____ ○ _____
_____ ○ _____
_____ ○ _____
_____ ○ _____
_____ ○ _____
_____ ○ _____
_____ ○ _____
MEMORIAL DAY   ○ _____

■ TUE · MAY 28, 2019

_____ ○ _____
_____ ○ _____
_____ ○ _____
_____ ○ _____
_____ ○ _____
_____ ○ _____
_____ ○ _____
_____ ○ _____
_____ ○ _____
_____ ○ _____
_____ ○ _____

■ WED · MAY 29, 2019

_____ ○ _____
_____ ○ _____
_____ ○ _____
_____ ○ _____
_____ ○ _____
_____ ○ _____
_____ ○ _____
_____ ○ _____
_____ ○ _____
_____ ○ _____
_____ ○ _____

THU • MAY 30, 2019

FRI • MAY 31, 2019

SAT • JUNE 1, 2019

SUN • JUNE 2, 2019

June 2019

SUNDAY	MONDAY	TUESDAY	WEDNESDAY
2	3	4	5
9	10	11	12
16 FATHER'S DAY	17	18	19
23 / 30	24	25	26

[Adventure is worthwhile in itself.

- Amelia Earhart]

THURSDAY	FRIDAY	SATURDAY
		1
6	7 *National Donut Day*	8
13	14 FLAG DAY	15
20	21	22
27	28	29

NOTES

MON • JUNE 3, 2019

TUE • JUNE 4, 2019

WED • JUNE 5, 2019

THU • JUNE 6, 2019

FRI • JUNE 7, 2019

SAT • JUNE 8, 2019

SUN • JUNE 9, 2019

MON • JUNE 10, 2019

TUE • JUNE 11, 2019

WED • JUNE 12, 2019

THU • JUNE 13, 2019

FRI • JUNE 14, 2019

FLAG DAY

SAT • JUNE 15, 2019

SUN • JUNE 16, 2019

FATHER'S DAY

MON • JUNE 17, 2019

TUE • JUNE 18, 2019

MON • JUNE 19, 2019

■ THU · JUNE 20, 2019 ———————————————

_____   ○ _____
_____   ○ _____
_____   ○ _____
_____   ○ _____
_____   ○ _____
_____   ○ _____
_____   ○ _____
_____   ○ _____
_____   ○ _____
_____   ○ _____
_____   ○ _____

■ FRI · JUNE 21, 2019 ———————————————

_____   ○ _____
_____   ○ _____
_____   ○ _____
_____   ○ _____
_____   ○ _____
_____   ○ _____
_____   ○ _____
_____   ○ _____
_____   ○ _____
_____   ○ _____
_____   ○ _____

■ SAT · JUNE 22, 2019   ■ SUN · JUNE 23, 2019

_____   _____
_____   _____
_____   _____
_____   _____
_____   _____
_____   _____
_____   _____
_____   _____
_____   _____
_____   _____

MON • JUNE 24, 2019

TUE • JUNE 25, 2019

WED • JUNE 26, 2019

THU • JUNE 27, 2019

FRI • JUNE 28, 2019

SAT • JUNE 29, 2019

SUN • JUNE 30, 2019

July 2019

SUNDAY	MONDAY	TUESDAY	WEDNESDAY
	1	2	3
7	8	9	10
14	15	16	17 National Hot Dog Day
21 National Ice Cream Day	22	23	24
28	29	30	31

Live in the sunshine, swim in the sea, drink the wild air.

-Ralph Waldo Emerson

THURSDAY	FRIDAY	SATURDAY
4 INDEPENDENCE DAY	5	6
11	12	13
18	19	20
25	26	27

NOTES

MON • JULY 1, 2019

TUE • JULY 2, 2019

WED • JULY 3, 2019

THU • JULY 4, 2019

INDEPENDENCE DAY

FRI • JULY 5, 2019

SAT • JULY 6, 2019

SUN • JULY 7, 2019

MON • JULY 8, 2019

TUE • JULY 9, 2019

WED • JULY 10, 2019

THU • JULY 11, 2019

FRI • JULY 12, 2019

SAT • JULY 13, 2019

SUN • JULY 14, 2019

MON • JULY 15, 2019

TUE • JULY 16, 2019

WED • JULY 17, 2019

THU • JULY 18, 2019

FRI • JULY 19, 2019

SAT • JULY 20, 2019

SUN • JULY 21, 2019

MON • JULY 22, 2019

TUE • JULY 23, 2019

WED • JULY 24, 2019

THU • JULY 25, 2019

FRI • JULY 26, 2019

SAT • JULY 27, 2019

SUN • JULY 28, 2019

MON • JULY 29, 2019

TUE • JULY 30, 2019

WED • JULY 31, 2019

THU • AUGUST 1, 2019

FRI • AUGUST 2, 2019

SAT • AUGUST 3, 2019

SUN • AUGUST 4, 2019

27730987R00074

Made in the USA
Columbia, SC
28 September 2018